LOST IN ICELAND

LOST IN ICELAND

von Sigurgeir Sigurjónsson

Forlagið

Besonderer Dank an:
Helga Gísladóttir, John Gústafsson,
Anna María Sigurjónsdóttir, Unnur Jökulsdóttir, Gunnar Örn Gunnarsson,
Þröstur Magnússon und Ragnar Tómasson.

ZUR AUSSPRACHE
Der isländische Buchstabe *þ* (*Þ*) wird ausgesprochen wie *th* in Englisch „think“,
und der Buchstabe *ð* (*Ð*) wie *th* in English „then“.

Vorwort: Guðmundur Andri Thorsson
Übriger Text: Victoria Cribb
Deutsche Übersetzung: Helmut Lugmayr
Design und layout: Klingenberg & Cochran/Elísabet A. Cochran
Satz: Edda hf./Eyjólfur Jónsson
Bildbearbeitung: Svansprent/Sverrir Magnússon
Karte: Landmælingar Íslands
Druck: Prentsmiðjan Oddi, Island

Forlagið · Reykjavík · 2015

1. Ausgabe 2002
Nachdruck 2004, 2005, 2006, 2007, 2009, 2015

ISBN 9979-53-440-0

www.forlagid.is

INHALT

Engelwurz überwuchert das Treibholz an der Küste von Hornvík in den heute unbesiedelten Hornstrandir; Nordwestisland.

Der Wasserfall Litlanesfoss fällt in eine von Basaltsäulen eingerahmte Schlucht; im Fluss Hengifossá, Ostisland.

Guðmundur Andri Thorsson

WOHNT EIN GEIST IM BERG?

Widersprüchliche Gefühle regen sich in der Brust des Isländers angesichts von Fotos der isländischen Natur: Ehrfurcht, Angst, Anbetung, Ohnmacht, Stolz. All das bricht in der öffentlichen Diskussion, wie man mit diesem Land eigentlich umgehen soll, hervor. Was in aller Welt sollen wir mit all dem Wasser machen? All den Bergen, all diesem Wind, all dieser Wüste? Oder sollen wir gar nichts machen? Die Isländer sind eine der letzten Nationen Europas, die trotz der Technisierung noch eine selbständige Natur besitzen – eine Natur, die mit anderen Worten einen selbständigen, von den Menschen unabhängigen Willen besitzt, eine Natur, die sich die Menschen trotz jahrhundertelanger Versuche nicht unterwerfen konnten. Die Geschichte Islands ist bis ins 20. Jahrhundert eine Geschichte der fortwährenden Niederlagen gegen die unbändigen Naturgewalten; Vulkanausbrüche verwüsteten Siedlungen und grünes Land, die Tiere verhungerten und die Menschen wurden an den Rand der Existenz getrieben. Erst mit der Technik des 20. Jahrhunderts – der Nutzung der Geothermalenergie, dem Beton, der Isolierung der Häuser, den Trawlern, Jeeps und nicht zu vergessen den Traktoren – wurde dieses Land wirklich bewohnbar. Und das Leben blühte allerorts auf. Es wucherte in derartiger Schaffenskraft und Lebensfreude, dass Island zu einem der reichsten Länder der Welt wurde. Das isländische Volk glich einem Mann, der die ganze Zeit gefroren hatte und plötzlich ins Warme kam – und sich gar nicht fassen konnte vor Freude.

Angesichts dieser Fotos von der isländischen Natur: Der Isländer bewundert ihre Schönheit, aber irgendwo in ihm regt sich das Bewusstsein, dass sich diese Natur gegen ihn wenden, dass sie ihn vernichten kann. Er weiß, dass diese Natur beinahe die ganze Nation ausgerottet hatte. Dieses teuer erkaufte Wissen um die Zerstörungskraft der Natur ist in der Erinnerung des Volkes bewahrt, in einem Wiegenlied, das für alle isländischen Kinder gesungen wird. Dort ist von schwarzem Sand, der grünes Land zerstört, die Rede und von Gletschern, in denen tödlich tiefe Spalten tönen – und wer gehört hat, wie ein Gletscher voranschreitet, der weiß, welch unheimlichen Laut der Dichter meint.

In Island heißt das Wetter „er“. Man sagt: „Jetzt kommt er von Norden“, „jetzt läßt seine Kraft nach“

und so weiter. Und dieser „er“ führt immer etwas im Schilde. Manchmal braust „er“ mit entsetzlichen Böhen auf und weht alles Lose davon und manchmal ist „er“ ungemein gut und milde: Das Wort „Milde“ bedeutet auf Isländisch auch „schönes Wetter“. „Er“ ruht niemals, greift uns immer von einer anderen Seite an, experimentiert ständig mit neuen Wetter-Varianten. Als der Autor dieser Zeilen als kleiner Junge bei seinem Großvater zu Besuch war, musste er still sitzen und schweigen, während der Großvater nachdenklich den endlosen Berichten im Radio lauschte, wie das Wetter im ganzen Land vor einer Stunde gewesen war. Ich wusste damals nicht, dass sich mein Großvater mit „ihm“ beschäftigte, etwas, das manche Isländer heute noch mit unbezwingbarer Leidenschaft tun, und versuchen, „seine“ nächsten Einfälle vorherzusagen – um „ihm“ vielleicht doch noch einmal ein Schnippchen zu schlagen. Wer ist er denn eigentlich dieser „er“? Es ist natürlich der Wind, und man hat den Eindruck, dass sich in dieser Terminologie eine tiefverwurzelte Grundeinstellung der Isländer zur Natur kristallisiert: „Er“ ist der würdige Gegner. Der ewige, gesichtslose, listige und tödliche Gegner.

Angesichts dieser Fotos von der isländischen Natur: Man kann sie hören. In Aufnahmen von Menschen wird oft eine Bewegung eingefroren – ein Augenblick verewigt. Bei Naturaufnahmen ist das umgekehrt. Hier wird nicht ein Augenblick verewigt, sondern die Ewigkeit wird zum Augenblick gemacht. Es ist uns vergönnt, die Ewigkeit selbst zu betrachten. Ein Berg ist nicht viel in Bewegung. Und auch wenn Wasser fließt und über Felskanten hinunterstürzt, erinnert diese Bewegung geradezu an die Ewigkeit – die dahinströmt. Es liegt eine große, tiefe Ruhe in diesen Bildern und wenn man sich lange in sie versenkt, beginnt man ein großes, tiefes Schweigen zu hören. Es gibt welche, die behaupten, im Schweigen des Hochlandes käme man der Stimme Gottes am nächsten.

Die Isländer streiten, ob man die Wasserkraft nördlich des Gletschers Vatnajökull nutzen oder schonen soll. Viele vertreten den Glauben der Menschen des 20. Jahrhunderts, dass es unsere Pflicht sei, uns dieses Land untertan zu machen mit jener Technik, die wir nun endlich zur Hand haben – der Technik, die uns hier ein menschenwürdiges Leben erst ermöglichte – endlich Rache zu üben, wenn man so sagen darf, an dieser ungeheuren Kraft, die einst Siedlungen zerstörte; sie zu bändigen und in den Fahrweg des Glücks zu leiten. Andere sehen kein Glück darin, die Gletscherflüsse als Antrieb für Fabriken zu nutzen, und sprechen von Staudämmen wie von einem Sakrileg – tun gerade so als ob man darangehe, Gott aufzustauen. Ihre Einstellung zur Natur ist eine religiöse, gekennzeichnet von Anbetung und dem Wunsch, die ungeheure Energie, die in der isländischen Natur steckt, in erster Linie für den menschlichen Geist zu nutzen: in die Berge zu gehen und dort eine Kraft zu spüren, die größer und erhabener als der Mensch ist, in Verbindung mit jener Kraft zu treten und sich von ihr stärken zu lassen.

Diese Einstellung mag auf den ersten Blick romantisch wirken, aber sie ist tiefer in der isländischen Mentalität verwurzelt, als manche Industrialisten zugeben wollen: Seit der ersten Zeit der Besiedlung hat sich hier ein gewisser Animismus erhalten, ein Naturglaube, der Glaube an Elfen in Steinen, Trolle im Gebirge, Pferde und Kühe in den Seen – ganz abgesehen von der unüberschaubaren Schar von Gespenstern, die sich seit jeher in diesem Land herumgetrieben haben. Wenn man von einem speziell isländischen Christentum sprechen kann, dann besteht es mit Sicherheit aus der merkwürdigen Mischung von kirchlichen Lehren und heidnischen Vorstellungen, in der der Glaube an Elfen und Naturwesen neben dem Glauben an Christus den Erlöser immer noch lebendig ist. Hinzu kommt das tiefverwurzelte Gefühl, dass die Hochlandwüsten terra incognita sind, dort ist *das wilde Land*. Als die Menschen früher das Land noch nicht gut kannten, erzählten sie sich Geschichten von Gesetzlosen in grünen Tälern hoch oben in den Bergen, und von den Wesen, die in diesen Bergen hausen. Manche haben Scheu davor, dieses Land zu sehr zu berühren – es zu sehr zu öffnen, den Mantel des Geheimnisvollen zu lüften, der in den Augen vieler über dem Hochland liegt. Viele glauben, im zentralen Hochland schlage das Herz des Landes.

Angesichts dieser Fotos von der isländischen Natur: Gleichzeitig mit dem Gefühl des langen und tiefen Schweigens wächst der Verdacht, dass dieses Schweigen so vollkommen, so bitter, so lang und tief ist, dass es kein Schweigen ist.

Eine Frau aus den Westfjorden, wo die Berge über den Häusern aufragen, fühlte sich in Reykjavík nie wohl, weil ihr dort alles flach und ausdruckslos erschien. Ein Schuljunge aus Akureyri, wo sich die

Berge in angemessener Entfernung halten, hielt es in den Ostfjorden nicht aus, denn er hatte das Gefühl, von den Bergen erdrückt zu werden. Sie alle sind sich aber einig, dass Dänemark ein eher unattraktives Land sei, weil es dort keine Berge gibt, und niemandem fällt ein, die Dänen um all ihr kultiviertes Land zu beneiden: Ich weiß nicht, ob das ein Zeichen für Animismus ist, den Glauben an Elfen und Trolle, aber Isländer sprechen von Bergen so wie Italiener von Fußball. Jeder ist der Fan eines bestimmten Berges, und die Leute streiten leidenschaftlich darüber, ob dieser oder jener Berg schöner und bedeutender sei. In den ältesten Isländersagas gingen die Menschen am Ende ihres Lebens in einen Berg und wurden dort zu Schutzgeistern – wurden eins mit ihrem Berg – und einer der beliebtesten Romane Halldórs Laxness, *Weltlicht*, endet damit, dass die Hauptperson auf einen Gletscher geht, wo das Land aufhört irdisch zu sein und sich mit dem Himmel vereint. Mit anderen Worten: Nichts ist alltäglicher als ein Berg, an dessen Fuß man aufgewachsen ist, nichts steht dem Menschen näher, und dennoch ist dieser Berg für sie das heilige Land. Er verbindet den Menschen mit der Ewigkeit.

Eine Frage beschäftigt den Isländer angesichts dieser Bilder mehr als alles andere: Wo ist das und wie heißt es? Ein Bild von einem Berg ist niemals nur ein Bild von einem Berg sondern ein Bild von einem bestimmten Berg mit einem bestimmten Namen, einer bestimmten Form und Geschichte. Den Menschen, die sich hier im 9. und 10. Jahrhundert niederließen und hauptsächlich aus Norwegen und von den Britischen Inseln kamen, gelang es vielleicht nie besonders gut, sich dieses Land untertan zu machen – mit einer Ausnahme: Sie belegten es mit Namen; benannten alle markanten Punkte von den Bergen bis zum Strand, und stets waren die Namen mit einer kleinen Geschichte verbunden. Die Menschen machten Texte aus dem Land. In Island trägt jeder Hügel einen besonderen Namen, jeder Höhenzug, jeder kleine Bach, und wenn ein Isländer sein Land bereist, besteht ein großer Teil der Reise in der endlosen Aufzählung dieser Namen. Dort ist der „Wasserfall-Hügel", hier das „Einhorn", sieh, da sind die „hellen Berge"! Warum sagt er das ständig vor sich her? Um sich das Land eigen zu machen, um es als Teil von sich zu erleben. Du bist vielleicht noch nie zuvor dort gewesen, aber dieses Tal heißt „Unverhofftes-Tal" und damit kennst du es, damit hast du eine Art Gewalt darüber erlangt. Bruce Chatwin erzählt in seinem Reisebuch aus Australien, *Traumpfade*, wie die Eingeborenen dieses Kontinents entlang von unsichtbaren „Songlines" durch das Land ziehen, die sowohl im Land als auch in ihnen vorgezeichnet zu sein scheinen; sie singen das Land, während sie sich bewegen. Auf die selbe

Weise murmelt der Isländer das Land, überhäuft es mit schönen Namen, die der Landschaft sowohl Klang als auch Merkmal verleihen. Und vor allem: Indem du diese Namen vor dir hersagst, trittst du in Verbindung zum Geist der Vorväter, die ebenfalls diese Namen aufzählten.

Abgesehen von der Sonderstellung, dass die Isländer am meisten aller Nationen über ihre Sonderstellung sprechen, unterscheiden sie sich von ihren Nachbarn tatsächlich darin, dass sie beinahe in allem von der Natur abhängig sind. Die Gruppen, die sich darüber streiten, was denn nun mit der Wasserkraft zu machen sei, denken in ähnlichen Bahnen, indem beide in der Natur den Anfang und das Ende der Lebensgrundlage in diesem Land sehen. Sie gibt und nimmt. Sie ist die Kraft, die die Gesellschaft umschließt, und unter die sich zuletzt alle beugen – der König möchte segeln, doch der Wind wird es bestimmen, heißt es in einem alten Buch, das die Menschen gerne zitieren, und meinen damit, dass alles von der Natur abhängt. Sie ist unsere Mutter und unser Feind.

Wohnt ein Geist im Berg? Daran haben die heidnischen Menschen früher und die christlichen bis auf den heutigen Tag geglaubt. Diejenigen, die am Fuße eines Berges aufwachsen, tragen später immer diesen Berg in sich herum: Der Berg hat sich im Menschen eingenistet. Und das Denken der Menschen am Berg nimmt die Form desselben an. Der Berg wird so zu einem untrennbaren Teil im Leben der Menschen und ihre Gedanken über diesen Berg werden allmählich zum Geist des Berges. Aber können Steine sprechen, steckt in jeder Blume eine Seele – wohnt ein Geist im Berg? Natürlich. Und es ist ein launenhafter Geist, der in den Bewohnern dieses Landes widersprüchliche Gefühle weckt: Er macht uns manchmal ängstlich und erfüllt uns manchmal mit Bewunderung, manchmal mit Ehrfurcht, Anbetung, Ohnmacht, Stolz ...

Für Helga

Rechts: Der imposante Gullfoss (Goldener Wasserfall) ist wahrscheinlich der meistfotografierte Wasserfall Islands; Südwestisland.

Blick auf die Gletscherzungen bei Skaftafell und Svínafell; der höchste Gipfel Islands, Hvannadalshnjúkur (2119 m), rechts. Südostisland.

Birkenwälder gedeihen an den Hängen des Berges Svínafellsfjall
am Fuß des Gletschers Öræfajökull; Südostisland.

Die Torfkirche in Hof, eine der letzten Kirchen, die in dieser traditionellen Bauweise erbaut wurde (1883–85); im Bezirk Öræfi, Südostisland.

Eine einsame Eberesche markiert die Stelle, an der einst der blühende Bauernhof Sandfell stand; im Bezirk Öræfi, Südostisland.

Der Gletscher Breiðamerkurjökull kalbt Eisberge in die Lagune Jökulsárlón; Südostisland.

Auf dem Weg nach Núpsstaðarskógur, einem Birkenwald
am Fuß des Berges Lómagnúpur.

Der Hof Hvalnes duckt sich unter die Hänge
des Berges Eystra-Horn; Südostisland.

Schwarz und zerklüftet zeigte sich der Rand des Skeiðarárjökull nach der gewaltigen Gletscherflut von 1996; am Gletscher Vatnajökull, Südostisland.

Baulutjörn (Brüll-Teich) und Fláajökull (Häutungs-Gletscher): Laut einer Volkssage haust ein halb gehäuteter Bulle im Wasser; Südostisland.

Oben: Die Hekla (1491 m) ist einer der aktivsten Vulkane Islands und seit Beginn der Besiedlung mindestens 18-mal ausgebrochen; Südisland.

Rechts: Der Brúarfoss (Brücken-Wasserfall) hat seinen Namen von einer natürlichen Steinbrücke bekommen, die den Fluss früher überspannte.

Der Mýrdalsjökull ist der südlichste Gletscher Islands und bedeckt eine Fläche von rund 595 km²; Südisland.

Wenn auf dem Hof Hvoll im Frühling die Lämmer geboren werden,
hat die ganze Familie alle Hände voll zu tun; Südostisland.

Schafschur im Frühling. Den Sommer verbringen die Schafe
auf den Hochweiden in den Bergen; Südisland.

Oben: Schaftreiber sammeln im Herbst ihre Herde ein. In der Nähe des Sees Baulutjörn, der Gletscher Fláajökull im Hintergrund; Südostisland.

Rechts: Seljalandsfoss, einer der höchsten Wasserfälle Islands, stürzt in einem weißen Bogen von der Felskante; am Gletscher Eyjafjallajökull; Südisland.

Wolkenstimmung über dem schwarzen Mýrdalssandur: Sandstürme können die Fahrt durch diese Wüste beschwerlich machen; Südisland.

Wolken ballen sich über dem Lómagnúpur zusammen. Im Hintergrund das Massiv des Hvannadalshnjúkur (2119 m), des höchsten Gipfels von Island; Südisland.

Der Nationalpark Þingvellir, früher Versammlungsort des Althings, eines der ältesten Parlamente der Erde; Südwestisland.

Spalten im Lavafeld von Þingvellir sind ein anschaulicher Beweis dafür, dass sich das Land hier wegen der Kontinentaldrift dehnt; Südwestisland.

Im Herbst heben sich die bunten Blätter einer Eberesche vom Hintergrund der dunklen Lava ab; Nationalpark Þingvellir, Südwestisland.

Hlíðarendi: Der Saga-Held Gunnar wählte eher den Tod als in die Verbannung zu gehen und diesen schönen Ort in Fljótshlíð zu verlassen; Südisland.

Mýrdalsjökull: Unter dem Eispanzer verbirgt sich der Vulkan Katla, der Ursprung häufiger Erdbeben und Gletscherfluten; Südisland.

Eine Wolkenhaube legt sich im Abendrot auf den Berg Vörðufell; Südwestisland.

Oben: Die Brandung hat bizarre Lavatürme aus der Felsküste von Arnarstapi gemeißelt; Halbinsel Snæfellsnes, Westisland.

Rechts: Dreizehenmöwen brüten geschützt in Brandungslöchern. Im Hintergrund das Dorf Arnarstapi mit dem Berg Stapafell.

Bis zu 534 m sind die Felswände von Hornbjarg hoch. In ihnen befindet sich eine der größten Vogelkolonien Islands; Hornstrandir, Nordwestisland.

Moos und Wollgras säumen den Weg durch die karge Landschaft von Hornstrandir zwischen Hornvík und Látravík; Nordwestisland.

Rauðisandur, früher ein Zentrum blühender Landwirtschaft, ist heute nur noch die Heimat von zwei Bauernhöfen; Westfjorde, Nordwestisland.

Die letzte Kirche von Selárdalur (erbaut 1861). Der Pfarrsitz wurde 1907 an einen anderen Ort verlegt; Westfjorde, Nordwestisland.

Der Wasserfall Dynjandi im Arnarfjörður hüllt eine 100 m hohe Felswand in einen glitzernd weißen Schleier; Westfjorde, Nordwestisland.

In der heute verlassenen Bucht Hornvík befanden sich früher drei Bauernhöfe und ein Hafen; Hornstrandir, Nordwestisland.

Die angelandete Insel Dyrhólaey mit ihrem markanten Felsentor ist als Brutplatz von Seevögeln, vor allem Papageitauchern, bekannt; Südisland.

Die Sandbänke von Rauðisandur bestehen im Gegensatz zu den schwarzen Lavasandstränden Südislands aus Muschelsand; Westfjorde, Nordwestisland.

Blick von Hornbjarg über die Bucht Rekavík zum Vogelfelsen Hælavíkurbjarg; Hornstrandir, Nordwestisland.

Blick vom Steilfelsen Hornbjarg: Nebel und Nieselregen sind oft Anzeichen für nahendes Treibeis; Hornstrandir, Nordwestisland.

Oben: Der Barnafoss (Kinder-Wasserfall) hat seinen Namen angeblich von zwei Jungen, die hier ertrunken sein sollen; Borgarfjörður Bezirk, Westisland.

Rechts: Ein Stück unterhalb im selben Fluss; Grundwasser dringt unter einem breiten Lavafeld hervor und bildet Kaskaden der ganz besonderen Art.

Die hellen Sommernächte tauchen den Ófeigsfjörður in ein magisches Licht. In der Ferne das Gebiet von Strandir; Nordwestisland.

Überquerung der Hochlandwüste auf der Kjölur-Route. Eine Herausforderung für Mountainbiker; westliches Hochland.

Tief im Landesinneren bieten die heißen Quellen von Hveravellir
die Gelegenheit zu einem entspannenden Bad; Kjölur-Route.

Oben: Der Geysir Strokkur schleudert alle paar Minuten eine Säule aus Dampf und Wasser in die Höhe; Südwestisland.

Rechts: Bláhver (Die blaue Quelle), eine der vielen heißen Quellen in Hveravellir; Kjölur-Route, westliches Hochland.

Langisjór (Der lange See) liegt so weit im Hochland, dass wahrscheinlich erst 1858 zum erstenmal Menschen bis zu ihm vordrangen; südliches Hochland.

Am Bratthåls in der Nähe des Sees Álftavatn; Aussichtspunkt an der beliebten Trekking-Route von Landmannalaugar nach Þórsmörk.

Blick vom Höhenzug Fögrufjöll auf den See Langisjór
in Richtung des Gletschers Vatnajökull;
südliches Hochland.

Oben: Arktisches Weidenröschen (*Epilobium latifolium*), eine nordamerikanische Pflanzenart, die in Europa nur in Island zu finden ist; Oase Hvannalindir, zentrales Hochland.

Rechts: Der Blick auf das Gebirge Kerlingarfjöll bietet eine willkommene Abwechslung auf der Fahrt durch die endlose Kjölur-Schotterwüste; westliches Hochland.

Blick vom Berg Bláhnúkur über die Rhyolithberge in der Umgebung von Landmannalaugar; südliches Hochland.

Die Rauðfossar (Rote Wasserfälle) machen mit den scharlachroten
Eisenablagerungen ihrem Namen alle Ehre;
südliches Hochland.

Ein hoch aufgetürmter, schwarzer Obsidianlavastrom bildet einen faszinierenden Gegensatz zum farbenprächtigen Rhyolith; südliches Hochland.

Der erste Schnee kleidet den Berg Stóra Súla in ein herbstliches Gewand; auf der Trekking-Route Landmannalaugar-Þórsmörk, südliches Hochland.

Dampf steigt aus einer Fumarole südwestlich des Hrafntinnusker auf;
auf der Trekking-Route Landmannalaugar-Þórsmörk.

Spektakuläre Farbenpracht in der Schlucht Brandsgil; in der Nähe von Landmannalaugar, südliches Hochland.

Der Krater Ljótipollur (Häßlicher Tümpel) trägt seinen Namen wohl zu Unrecht; in der Nähe von Landmannalaugar, südliches Hochland.

Gletscherwasser verleiht diesem Teich in der Nähe des Flusses Tungnaá seine milchig-grüne Färbung; südliches Hochland.

Oben: Veiðivötn, eine 20 km lange Reihe von wassergefüllten Kratern. Sie sind wegen ihres Fischreichtums bei Anglern sehr beliebt.

Rechts: Stromschnellen verbinden zwei der ungefähr 50 Seen von Veiðivötn; südliches Hochland.

Gelbgrünes Moos bedeckt den vulkanischen Boden an den Veiðivötn Kraterseen; südliches Hochland.

Am Fuß des Berges Þóristindur erhebt sich ein Sandsturm. Kein ungewöhnlicher Anblick in den schwarzen isländischen Hochlandwüsten.

Reykjadalir, ein Hochtemperaturgebiet mit Fumarolen und brodelnden Schlammlöchern; südliches Hochland.

Heißer Dampf hat bei Hrafntinnusker Höhlen in das Eis geschmolzen;
in der Nähe des Gletschers Torfajökull, südliches Hochland.

Blick vom Berg Bláhnúkur auf Landmannalaugar. Links der Lavastrom Laugahraun und an seinem Rand der Campingplatz; südliches Hochland.

Dicke Moospolster überziehen die Lava in der Nähe von Hólaskjól an der nördlichen „Straße hinter den Bergen“; südliches Hochland.

Der Goðafoss (Götter-Wasserfall) erhielt seinen Namen von den heidnischen Götterstatuen, die nach der Christianisierung Islands im Jahr 1000 dort hinabgeworfen wurden; Nordisland.

Die Schlucht Ásbyrgi, nach der Sage ein Hufabdruck von Odins achtbeinigem Pferd Sleipnir, entstand während einer gewaltigen Gletscherflut; Nationalpark Jökulsárgljúfur, Nordostisland.

Birkenwald auf der Halbinsel Hafurshöfði im See Mývatn. Die üppige Vegetation bildet einen Kontrast zur mondartigen Landschaft in der Umgebung; Nordostisland.

Die Bäuerin Sigurveig Sigtryggsdóttir in ihrer Küche im Hof Syðri Neslönd am See Mývatn; Nordostisland.

Durch ein Loch im Eis zieht Jón í Belg Forellen aus dem Wasser.
Der seichte Mývatn-See friert oft für viele Monate zu.

Dampf steigt vom Geothermalgebiet Hveraröndl auf, dem größten
Solfatarenfeld in Island; am See Mývatn, Nordostisland.

Die Erde ist in Hveraröndunter der dünnen Kruste kochend heiß.
Bei Besichtigung ist daher erhöhte Vorsicht geboten.

Oben: Beim Anstieg auf den Berg Námafjall (Minen-Berg), benannt nach den Schwefelminen, die früher an seinem Hang betrieben wurden.

Rechts: Schwefel- und Gipsausfällungen verleihen der Erde am Námaskarð faszinierende Farbtöne; am See Mývatn, Nordostisland.

Ablagerungen der Schlammquellen haben bei Hveraröndgroße Lehmfelder hinterlassen; am See Mývatn, Nordostisland.

Blick vom Námafjall auf den Berg Bláfjall, der bei einer subglazialen Eruption während der letzten Eiszeit entstand; Nordostisland.

Die letzte Ausbruchsphase am Leirhnjúkur begann 1975 und dauerte bis 1984 an; am See Mývatn, Nordostisland.

Begegnung in der Nähe von Ódáðahraun, einem Lavafeld doppelt so groß wie Luxemburg; zentrales Hochland.

Die Herðubreið (1682 m), die „Königin der Berge“, ragt majestätisch über das östliche Hochland auf.

Die Hochlandhütte in Herðubreiðarlindir steht an einer Flussoase am Fuß des Berges Herðubreið im kargen östlichen Hochland.

Rauðhólar sind die Reste von alten Kratern, die bei einer katastrophalen Gletscherflut weggespült wurden; nordöstliches Hochland.

Basaltsäulen bilden eine natürliche „Elfenkirche“ im Canyon des Nationalparks Jökulsárgljúfur; nordöstliches Hochland.

Der Dettifoss ist mit einer Wassermenge von 500 m^3 pro Sekunde der energiereichste Wasserfall Europas; im Nationalpark Jökulsárgljúfur.

Wie eingezwängt wirken die Basaltsäulen bei Aldeyjarfoss am Ufer des Flusses Skjálfandafljót; Nordostisland.

Oben: Der Basstölpel ist der größte Seevogel des Nordatlantiks.
Mehr als 10% der Weltpopulation nisten in Island.

Rechts: Basstölpel brüten auf Felsen und abgelegenen Inseln wie dem Vogelfelsen Stórikarl („Mann") vor der Halbinsel Langanes; Nordostisland.

Ásgeir Emilsson vor seinem lebendigen Wandgemälde, das die Verbundenheit des Dorfes Seyðisfjörður mit dem Meer ausdrückt; Ostisland.

Dreizehenmöwen streichen über die Küste der Bucht Skoruvík auf der unbewohnten Halbinsel Langanes; Nordostisland.

Gekappte Basaltsäulen bilden Muster in den Felsen von Hljóðaklettar;
im Tal Vesturdalur, nordöstliches Hochland.

Eisenablagerungen erzeugen eine unglaubliche Farbkulisse in der Schlucht Markarfljótsgljúfur; südliches Hochland.

Geschwungene Basaltsäulen reihen sich wie Orgelpfeifen zueinander; am Wasserfall Litlanesfoss im Fluss Hengifossá, Ostisland.

*„Es gibt welche, die behaupten, im Schweigen des Hochlandes
käme man der Stimme Gottes am nächsten.“*

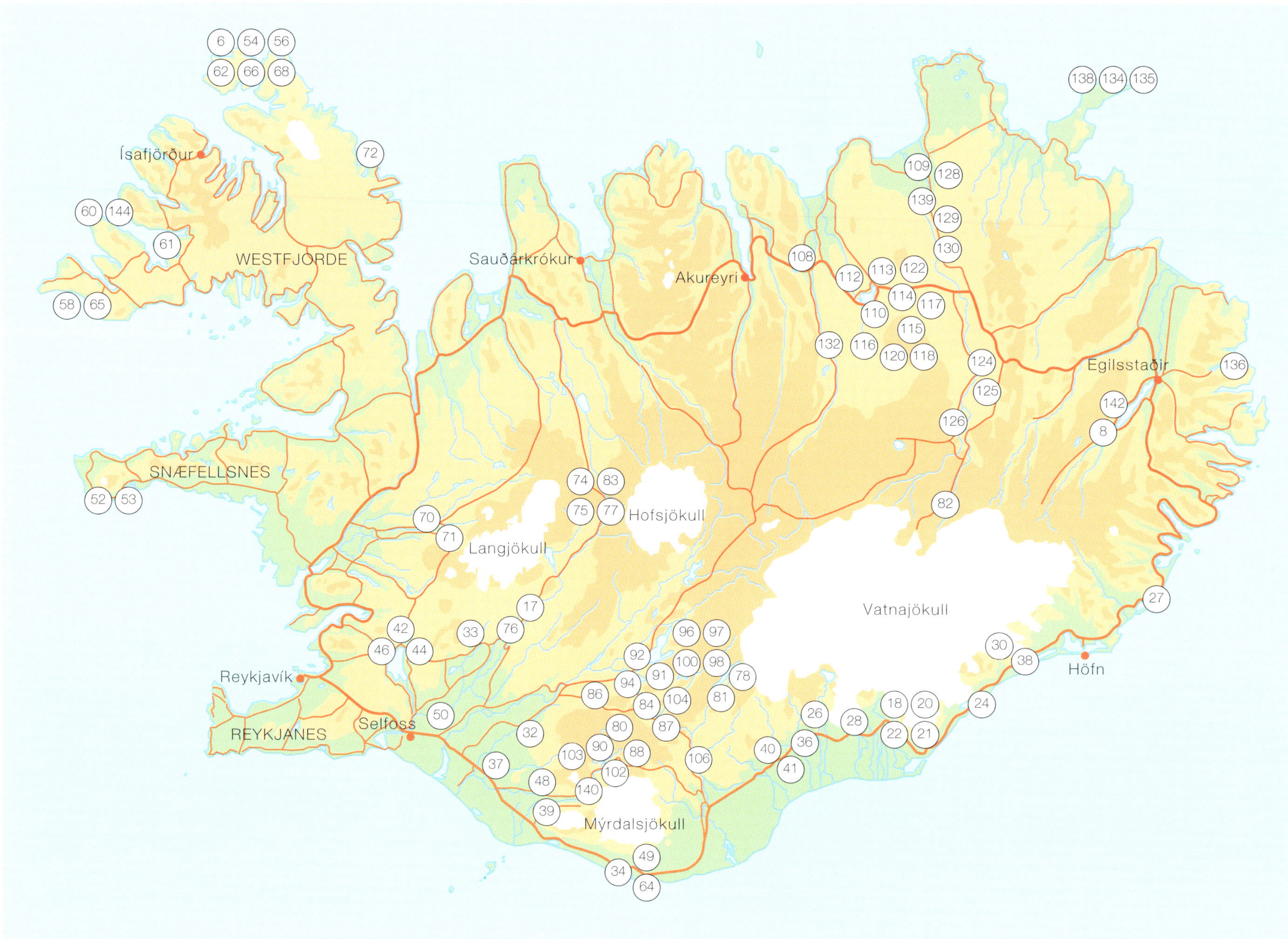

Aufnahmeort der Fotos: Die Zahl gibt an, auf welcher Seite sich das Foto befindet.

Hintergrundinformationen zu den Fotos

DIE REGIONEN ISLANDS

Südostisland

Der Südosten Islands wird von Europas größtem Gletscher, dem 8.400 km^2 großen Vatnajökull, dominiert. Wie zu erwarten ist die Landschaft vor allem vom Eis geformt, schroffe, von Gletschern abgeschürfte Berge umrahmen weiße Eisfelder und endlos weite Sander, die von schmutzigbraunen Gletscherflüssen zerfurcht werden. Die wenigen Bewohner leben in vereinzelten Bauernhöfen am schmalen Küstensaum, nicht einmal Dörfer gibt es zwischen Kirkjubæjarklaustur und Höfn. Die riesige Eiskappe ist ständig präsent, entweder als weiße Linie am Horizont oder in Form von malerischen Talgletschern – am spektakulärsten in der Gletscherlagune Jökulsárlón (S. 24–25), wo sich die Zunge des Breiðamerkurjökull seit 1950 zurückzieht und einen 100 m tiefen See freigegeben hat, in den der Gletscher Eisberge kalbt.

Die reißenden Gletscherflüsse auf den flachen, meist kahlen Sandern schwellen oft in extremen Fluten, oder Gletscherläufen, an und verlagern häufig ihr Bett. Sie stellten immer ein großes Verkehrshindernis dar, bis 1974 der letzte Fluss überbrückt wurde. Die Kraft solcher Gletscherläufe wurde 1996 dramatisch demonstriert, als in Folge eines Vulkanausbruchs unter dem Gletscher Millionen Tonnen von Schmelzwasser durch das Bett des Flusses Skeiðará brausten, die sowohl Brücken als auch die Straße beschädigten und kolossale Eisberge auf dem Sander zurückließen (S. 28–29).

Die Menschen, die am Fuß des Gletschers leben und von seiner Anziehungskraft auf Touristen profitieren, wissen aus bitterer Erfahrung auch, welch gefährlicher Nachbar er sein kann. Der Nationalpark Skaftafell und der Hof Svínafell (S. 18–20) unterhalb des höchsten Gipfels von Island (Hvannadalshnjúkur, 2119 m) genießen ein relativ mildes Klima, in dem Birkenwälder gedeihen und das Wanderer und Camper anzieht. Aber die alleinstehende Eberesche, der letzte Rest der ehemals blühenden Ansiedlung Sandfell, ist ein stummer Zeuge der zerstörerischen Kraft des Gletschers (S. 22–23). Der damalige Hof und die Kirche wurden bei Vulkanausbrüchen im Öræfajökull 1362 und 1727 von katastrophalen Gletscherfluten umspült, die Eisberge aus dem Gletscher rissen, von denen manche dann mehrere Jahre auf dem Sander lagen.

Die letzten Bewohner von Sandfell haben 1947 den Hof verlassen.

Ein Gebäude, das die Nähe zum Gletscher überlebt hat, ist die stimmungsvolle Torfkirche in Hof (S. 21). Sie wurde 1883–85 als letzte ihrer Art in Island erbaut, und weist noch die traditionelle Bauweise mit Steinwänden und einem Grassodendach auf, die später von Holzbauten und im 20. Jh. schließlich von Beton abgelöst wurde.

An dieser hafenlosen Küste (erst in Höfn gibt es wieder einen natürlichen Hafen) lebten die Menschen traditionell von Landwirtschaft. Spuren einer mit dieser Lebensweise verbundenen Folklore sind in so ungewöhnlichen Ortsnamen wie Baulutjörn (Brüll-Teich) and Fláajökull (Häutungs-Gletscher) zu finden (S. 30–31). Nach einer Volkssage wurde einmal ein Bulle am Hof Holt geschlachtet. Als man ihn halb ausgehäutet hatte, gingen die Männer zum Mittagessen. Da flog ein kleiner Vogel in den Rachen des Bullen und er wurde wieder lebendig. Man sah gerade noch, wie sich das halb abgehäutete Tier in einen nahen Teich stürzte. Seitdem hört man immer wieder ein Brüllen aus dem Wasser, das einen bevorstehenden Sturm ankündigen soll.

Südisland

Weite fruchtbare Ebenen machen Südisland zum wichtigsten Landwirtschaftsgebiet des Landes. Es gehört aber auch zu den meistbesuchtesten Gegenden Islands, nicht zuletzt wegen der berühmten „Goldenen Drei“, die viele Touristen anziehen.

Trotz des friedlichen Erscheinungsbildes verläuft die aktivste Vulkan- und Erdbebenzone quer durch das Gebiet. Im Nordosten ragt einer der aktivsten isländischen Vulkane, die Hekla (1491 m), über grüne Wiesen auf (S. 32). Sie galt im Mittelalter als der Eingang zur Hölle und ist seit Beginn der Besiedelung mindestens 18-mal ausgebrochen. Die Spuren vergangener Eruptionen sind in weitem Umkreis zu sehen. Der Ausbruch 1947 dauerte 13 Monate und bedeckte 10 km^2 mit Lava, während andere Ausbrüche, wie der im Jahr 2000, kürzer und „touristenfreundlicher“ verliefen.

Am Nordrand der Region befinden sich zwei Attraktionen der „Goldenen Drei“. Der Gullfoss (S. 17), wohl einer der malerischsten Wasserfälle des Landes, der Anfang des 20. Jhs. beinahe hinter einer Staumauer verschwunden wäre und durch den mutigen Einsatz der Tochter des Landbesitzers, Sigríður Tómasdóttir, gerettet wurde. Ein kurzes Stück davon entfernt liegt der Strokkur (S. 76), die derzeit aktivste Springquelle im Geysir-Gebiet, die alle fünf Minuten heißes Wasser und Dampf zur Freude der Besucher in die Höhe wirft. Ihr größerer Nachbar, der Geysir, von dem alle heißen Springquellen der Welt ihren Namen bekommen haben, war lange inaktiv, ist aber nach einem Erdbeben im Jahr 2000 wieder zum Leben erwacht.

Der dritte der meistbesuchten Plätze Islands ist Þingvellir (S. 42–47), der Parlamentsplatz. In diesem Dehnungsgraben haben die Siedler Islands 930 n.Ch. zum ersten Mal das Althing abgehalten, das oft als das älteste noch bestehende Parlament der Welt bezeichnet wird. Das Parlament tagt heute in Reykjavík, aber Þingvellir zieht weiter jedes Jahr hunderttausende Besucher an, und das nicht nur aus historischem Interesse; hier lässt sich an der Landschaft ablesen, dass Island Teil des Mittelatlantischen Rückens ist und man auf der Grenze zwischen der eurasischen und amerikanischen Kontinentalplatte steht. Die tiefen Spalten und das breite Dehnungstal mit Islands größtem See zeigen deutlich, wie das Land gedehnt und breiter wird. Das Zentrum der seismischen Aktivität hat sich heute weiter nach Südosten rund um den Berg Hestfjall verlagert, unter dem das Epizentrum eines starken Erdbebens (6,5 auf der Richterskala) im Juni 2000 lag.

Wie anderswo in Island beruht die Landwirtschaft in Südisland hauptsächlich auf Tierhaltung, auch wenn an manchen Stellen, wie in Hveragerði oder Flúðir, geothermal beheizte Gewächshäuser zur Gemüse- und Blumenzucht verwendet werden. Schafzucht ist für diese Gegend typisch, und trotz einer Verminderung des Bestandes, ist das Verhältnis Schafe zu Menschen in Island nach wie vor 2 zu 1. Von Mitte April bis Anfang Juni werden die Lämmer geboren (S. 36). Anschließend werden die Mutterschafe geschoren (S. 37) und mit den Lämmern für den Sommer auf die Hochweiden gebracht. Im September sind die Bauern dann zu Fuß und zu Pferd unterwegs, um die Herden wieder zusammenzutreiben (S. 38).

Der Gletscher Mýrdalsjökull (S. 34–35) hatte wie sein großer Bruder Vatnajökull stets großen Einfluss auf seine Umgebung. Der Vulkan Katla unter seinem Eispanzer verursacht häufig kleinere Erdbeben und Gletscherläufe, die sich ihren Weg über den 700 km^2 großen, schwarzen Mýrdalssandur nach Südosten suchen.

Am südlichsten Punkt des Landes ragt der markante Felsenbogen von Kap Dyrhólaey (S. 64) auf dem schwarzen Strand der Südküste auf, Heimat unzähliger Papageitaucher und anderer Seevögel. Wenn die Verlandung weiter so anhält wie bisher, könnte Dyrhólaey in ein paar hundert Jahren ganz im Trockenen stehen.

Westisland

Der Westen Islands ist in drei markante Halbinseln geteilt: das lavabedeckte Reykjanes, das langgezogene gebirgige Snæfellsnes mit dem berühmten Gletscher Snæfellsjökull an der Spitze, und das starkgegliederte Massiv der Westfjorde. Im Landesinneren verbirgt die liebliche Landschaft des Borgarfjörður schöne Wasserfälle und alte Lavafelder (S. 70–71).

Lava hat die bizarren Formen entlang der Küste von Arnarstapi (S. 52–53) geschaffen, einem Fischerdorf an der Südküste von Snæfellsnes, wo die Brandung am Hafen Felstürme aus der Küste gemeißelt hat, die mit weißem Vogelmist von Dreizehenmöwen und Eissturmvögeln gesprenkelt sind.

Eine Landschaft der ganz besonderen Art eröffnet sich in den Westfjorden, wo die Eiszeit tiefe Fjorde aus dem blockartigen Bergmassiv geschürft hat. Am abgelegensten ist das unbesiedelte Gebiet von Hornstrandir an der Nordwestspitze Islands. Früher mit Bauernhöfen und Fischereihäfen besiedelt, ist die einsame Halbinsel heute Naturschutzgebiet. Auch wenn das Klima hier am härtesten in Island ist, mit langen schneereichen Wintern, findet man an den Küsten wie in der Bucht Hornvík saftige Vegetation (S. 62–63). In diesem natürlichen Hafen suchten stets Schiffe vor Stürmen Schutz, und das grüne Tal bot früher drei Bauernhöfen eine Lebensgrundlage. Heute ist es die Heimat von Seevögeln und Polarfüchsen und nur im Sommer per Schiff von Ísafjörður oder über einen langen Wanderweg erreichbar. Treibholz, einst ein begehrtes Baumaterial, wird von Sibirien bis an diese Strände getrieben.

Hornvík liegt zwischen den großen Vogelfelsen Hornbjarg (S. 54–55) und Hælavíkurbjarg (S. 66–67). Aus regelmäßigen Basaltlagen und weicheren Sedimentschichten aufgebaut, findet man in diesen Felsen die ältesten Gesteine des Landes und tief in den Sedimenten sogar versteinerte Baumstämme. In Hornbjarg ist eine der größten Vogelkolonien Islands mit Millionen von Tordalken, Trottellummen, Papageitauchern, Eissturmvögeln und Dreizehenmöwen. Früher haben sich die Bewohner der Hornstrandir über die messerscharfen Kanten der Vogelfelsen abgeseilt, um Eier und Jungvögel aus den Nestern zu holen. Auch wenn die letzten Bewohner ihre Höfe 1952 verlassen haben, kehren ihre Nachkommen und andere Besucher während der Sommer immer wieder hierher zurück, um die Einsamkeit und überwältigende Schönheit dieser Landschaft zu genießen. Ein beliebter Wanderweg verbindet Hornvík und Látravík (S. 56–57), aber abseits dieser geschützten Buchten mit ihren Wiesenblumen ist das Gelände unwirtlich, das Reich von Moosen und Flechten. Selbst im Sommer kommt das Treibeis von Grönland manchmal nahe an die Küste und bringt Nebel, kalten Nieselregen und Schnee mit.

Weiter südlich ist das Klima in den Westfjorden etwas milder und die Besiedlung konzentriert sich in einer Reihe von Fischerdörfern. Abgelegene Höfe und Siedlungen sind aber heute meist verlassen, wie etwa Selárdalur (S. 60), wo die ehemalige Pfarrkirche an frühere Zeiten erinnert, als hier der Sitz einflussreicher Priester war.

An der Südküste entlang des Breiðafjörður erscheint das Klima beinah freundlich, und der goldene Sand von Rauðisandur (S. 58–59) vermittelt eine Illusion mediterraner Strände. Dieser malerische Ort, heute vor allem die Heimat von Seehunden, war einst ein Zentrum blühender Landwirtschaft, und die grünen Ebenen am Fuß der Steilhänge stellen heute noch die Lebensgrundlage für zwei Bauernfamilien dar. Im 19. Jh. war dieser Ort der Schauplatz eines Liebes- und Morddramas, das später von Gunnar Gunnarsson im Roman „Schwarze Schwingen" verarbeitet wurde. Das Liebespaar Bjarni Bjarnason und Steinunn Sigurðardóttir, die auf benachbarten Höfen lebten, töteten 1802 ihre Ehepartner und wurden für ihr Verbrechen mit dem Tod bestraft.

Das zentrale Hochland

Während sich die Besiedlung Islands in Dörfer und Städte entlang der Küste oder im Ballungsraum Reykjavík konzentriert, ist der größte Teil des Landes unbewohntes und unbewohnbares Hochland. Eine riesige, baumlose Weite aus Sandwüsten, Lava, Fels und Eis, wie man sie sonst nirgendwo in Europa findet, nur mit Allradfahrzeugen zugänglich, und das nur während der Sommermonate Juli und August. Früher überquerten die Isländer das Landesinnere in langen Karawanen mit Packpferden, um Handel zu treiben oder am Althing in Þingvellir teilzunehmen, und mit Steinwarten markierte Wege kreuzen noch heute das leere Land. Ansonsten waren Trupps von Schaftreibern die einzigen Menschen, die regelmäßig ins Hochland kamen, in dem gefährliche Gesetzlose und übernatürliche Wesen, wie Elfen und Trolle hausen sollten.

Die Hochlandpiste Kjölur (S. 74), die das Land zwischen den Gletschern Langjökull und Hofsjökull überquert, folgt der Spur eines solchen alten Reitweges. Die Schotterstraße beginnt im Süden beim Gullfoss und zieht sich über das einsame steinige Hochland nach Norden, mit fantastischen Ausblicken auf die Gletscher zu beiden Seiten. Auf halber Strecke machen die Reisenden gerne Rast im Geothermalgebiet Hveravellir, wo man sich im natürlich warmen Wasser entspannen oder zwischen blubbernden Schlammlöchern und Fumarolen herumwandern kann (S. 75).

Kein Teil des Landesinneren ist jedoch mit dem faszinierenden Abwechslungsreichtum des südlichen Hochlandes vergleichbar. Hier hat der Vulkanismus eine eigene Welt inmitten des unwirtlichen Landes geschaffen. Eine Eruption förderte 1477 schwarze Obsidianlava, die einen Kontrast zum subglazial entstandenen Rhyolithgestein bildet, das im Umkreis der heißen Quellen von Landmannalaugar (S. 84–85) in allen Farben des Regenbogens leuchtet. Eine Berghütte und ein Campingplatz dienen als Basis für Erkundungen in der Umgebung und als Ausgangspunkt für den gutausgetretenen Weitwanderweg „Laugavegur" nach Þórsmörk. Die scharfkantige schwarze Lava des Laugahraun Lavafeldes bildet einen unheimlichen Kontrast zum farbenfrohen Rhyolith (S. 87), während eine grüne Oase aus Blumen und Gras das natürlich warme Bad umschließt. In dieser jungen Landschaft von faszinierenden geologischen Formen, steigt aus unzähligen Quellen Dampf auf, und im Hochtemperaturgebiet rund um den kleinen Gletscher Torfajökull hat der Dampf tiefe Höhlen in das Eis geschmolzen (S. 103). Zwei Bergstraßen, die nördliche und südliche „Straße hinter den Bergen", machen dieses Gebiet entlang von bemoosten Flächen, roten Felsen und schwarzem Sand (S. 88–95) für die Besucher zugänglich. Im Sommer legen Angler die holprigen Pisten auf dem Weg zu den Veiðivötn (S. 96–99), einer Reihe von fischreichen Kraterseen, zurück. Diese Krater sind 1477 im Zuge der selben Ausbruchsperiode entstanden, die auch den Formenreichtum von Landmannalaugar geschaffen hat.

Östlich davon, nur für robusteste Geländefahrzeuge zugänglich, befindet sich Langisjór (S. 78–79), der „lange See", am Rand des Gletschers Vatnajökull. Ihn hat 1878 zum erstenmal ein menschliches Auge erblickt, als Schaftreiber auf der Suche nach ihren Tieren weiter in das Hochland vordrangen als je zuvor. Diese Landschaft scheint wie unberührt vom Menschen, was allerdings Kraftwerkspläne am Fluss Skaftá bald ändern könnten.

Nordostisland

Die einzigartigen Naturschauspiele Nordostislands wurden von Feuer und Wasser, genauer gesagt Vulkanismus und Gletscherläufen, geschaffen. Die bekanntesten Attraktionen sind der See Mývatn, der „Mückensee" (S. 110–11), und seine Umgebung. Er trägt seinen Namen zurecht und zeichnet sich durch ein ungewöhnlich reichhaltiges Vogelleben (vor allem Enten) aus, was nicht zuletzt den zahlreichen Mücken zu verdanken ist. Die Bauern dieser Gegend haben seit jeher sowohl die üppige Vegetation am Seeufer genutzt als auch Forellenfang betrieben (S. 113) und Vogeleier gesammelt. Im 20. Jh. haben sich neue Wirtschaftszweige entwickelt, wie die nicht unumstrittene Kieselgurerzeugung, für die seit 1967 Diatomeenschlamm vom Grund des Sees abgepumpt wird, das Geothermalkraftwerk Krafla und heute der Tourismus.

Die größte Faszination dieser Gegend liegt in der Vielfalt der vulkanischen Formen wie Pseudokrater, Lavasäulen, aktive Vulkane und kochende Schlammquellen. Es überrascht nicht, dass die NASA ihre Astronauten 1969 in der mondartigen Landschaft südlich des Sees trainierte. Im Sommer strömen die Besucher zu den schwefelgelb leuchtenden Solfatarenfeldern von Hverarönd (S. 114–15). Hier begegnet man den Spuren des Vulkanismus auf Schritt und Tritt: blubbernde Schlammpfuhle, zischende Erdlöcher, scharfriechender Dampf, und der Untergrund unter der dünnen Erdkruste ist so heiß, dass bei der Besichtigung erhöhte Vorsicht geboten ist. Jahrhundertelang ließen die dänischen Könige an den Hängen des Námaskarð (S. 116) Schwefel abbauen, um damit ihr Schießpulver zu erzeugen.

Der nahe, hochaktive Zentralvulkan Krafla ist mindestens 16-mal seit Anfang der Besiedlung ausgebrochen (S. 122–23), zuletzt 1984, und das Geothermalkraftwerk nutzt die ungeheure Energie im Innern des Berges, um die Städte Nordislands mit Strom zu versorgen. In der Ferne ragen große, abgeflachte Tafelberge auf wie der Búrfell oder die Herðubreið (S. 125), die „Königin der Berge", die bei Ausbrüchen unter den Gletschern der Eiszeiten entstanden. Südlich davon erstreckt sich die schwarze Sand- und Lavawüste Ódáðahraun (S. 124), sicher eine der einsamsten und zugleich furchterregendsten Landschaften Islands.

Die landschaftsgestaltende Kraft des Wassers wird in der schmutzigbraunen Wand des Dettifoss (S. 130–31), des wasserreichsten Wasserfalles Europas, eindrucksvoll zur Schau gestellt. Er ist aber nur eine von mehreren spektakulären Kaskaden im Canyon des Gletscherflusses Jökulsá á Fjöllum, der am Nordrand des Vatnajökull entspringt und sich quer über das Hochland seinen Weg zur Nordküste sucht. Vulkanische Aktivität führte dazu, dass sich ein subglazialer See unter dem Vatnajökull vor 10.000 und abermals vor 3.000 Jahren in gigantischen Fluten entleerte, die viele der heute atemberaubenden Formen geschaffen haben. Man nimmt an, dass ein Wall von Wasser den 30 km langen Canyon Jökulsárgljúfur während einer einzigen Flut ausgeschwemmt hat. Die hufeisenförmige und heute mit Birken und Ebereschen bewachsene Schlucht Ásbyrgi (S. 109) soll ebenfalls bei einem solchen Ereignis entstanden sein.

Jökulsárgljúfur, manchmal als Islands Grand Canyon bezeichnet, hat zahlreiche außergewöhnliche geologische Formationen zu bieten; angefangen vom unglaublichen Rot der Rauðhólar (S. 128) mit ihren erodierten Felsgipfeln, bis zu den vielfältigen Formen der Basaltsäulen. Es ist kaum zu glauben, dass die Elfenkirche (S. 129) bei Hafragil nicht das Werk von Menschen ist. Anderswo erinnern die Basaltsäulen in den Flüssen Nordostislands an Orgelpfeifen (S. 142–43) oder gothische Kathedralen (S. 8–9), viel imposanter als die bescheidene Konstruktion einer isländischen Landkirche (S. 144).

Der letzte Ausläufer des Nordostens ist die Halbinsel Langanes. Sie ist die einsame Heimat von Seevögeln, wo sich Basstölpel, die Könige des Nordatlantiks, auf der hochaufragenden Felsnadel Karl (S. 134–35) drängen.

TATSACHEN ÜBER ISLAND

Geographie

Island liegt am Nördlichen Polarkreis und ist mit 103.000 km^2 die zweitgrößte Insel Europas. Es ist in geologischer Hinsicht eines der jüngsten Länder der Erde und Teil des Mittelatlantischen Rückens, der die Trennungslinie zwischen der nordamerikanischen und eurasischen Kontinentalplatte bildet. Das Land ist immer noch im Entstehen, und man findet kein Gestein, das älter als 20 Millionen Jahre alt ist. Ein großer Teil des Landes entstand während der letzten Million Jahre, und die neueste Insel, Surtsey, tauchte erst 1963 bei einem submarinen Vulkanausbruch aus dem Meer auf.

Vulkanismus

Aufgrund seiner Lage ist Island eines der aktivsten vulkanischen Gebiete der Erde. Heute sind etwa 20 Vulkansysteme aktiv und es gibt Berichte von mehr als 250 Ausbrüchen seit dem Anfang der Besiedelung im 9. Jh. Der häufigste Vulkantyp sind Spaltenvulkane, aber man kann in Island alle Arten von Vulkanen finden. Die aktivsten Vulkansysteme sind Hekla, Katla, Grímsvötn und die Westmänner Inseln im Süden und Askja und Krafla im Norden. Der katastrophalste Ausbruch der Geschichte fand 1783 in der Lakispalte statt, bei dem die Menge der ausgeworfenen Aschen und Gase eine Art „nuklearen Winter“ verursachten. Er kostete ein Fünftel der Bevölkerung das Leben und vernichtete die Hälfte des Viehbestandes. Heute sind 11% der Landesfläche mit Lava bedeckt.

Erdbeben

Erdbeben treten in Island häufig auf, verursachen aber dank der sicheren Bauweise der modernen isländischen Gebäude nur selten Schaden. Zwei Erdbeben im Juni 2000 mit der Stärke 6,5 auf der Richterskala haben aber dennoch dutzende Häuser in Südwestisland zerstört.

Geothermalenergie

Es gibt in Island mehr natürliche Erdwärme als in irgendeinem anderen Land der Welt. Die größten der 32 Hochtemperaturgebiete befinden sich am Gletscher Torfajökull und bei Grímsvötn. Das Hengill-Gebiet in der Nähe von Reykjavík wird für die Heißwasserversorgung der Hauptstadt genutzt. Die rund 250 Niedertemperaturgebiete sind (mit Ausnahme der Ostküste) fast über das ganze Land verstreut. Die Durchschnittstemperatur des Wassers beträgt 75°C. Geysire kann man an einigen Stellen finden, von denen der Strokkur im Geysir-Gebiet der aktivste ist und alle paar Minuten ausbricht.

Gletscher

Der Name Island (dt. Eisland) ist etwas missdeutend, da nur 11% der Landesfläche tatsächlich mit Eis bedeckt sind. Die größte Eiskappe, Vatnajökull, ist 8400 km^2 groß und bis zu 1000 m dick. Die anderen großen Gletscher sind Langjökull 950 km^2, Hofsjökull 925 km^2 und Mýrdalsjökull 595 km^2. Sie sind Reste der eiszeitlichen Vergletscherung und ziehen sich mit der Erwärmung des Klimas zurück.

Klima

Das Klima schwankt zwischen arktisch im Norden und kühl gemäßigt ozeanisch im Süden. Die Temperaturen sind aber dank des Golfstromes relativ mild. Die Durchschnittstemperatur in Reykjavík beträgt im Sommer 10,5°C und im Winter -0,5°C. Das Wetter ist sehr wechselhaft und starker Wind recht häufig.

Mitternachtssonne

Die nördliche Lage Islands bringt kurze, dunkle Wintertage und helle Sommernächte mit sich. Zur Mittwinterszeit kommt die Sonne in Reykjavík nur 4 Stunden über den Horizont empor, während sie im Mittsommer 22 Stunden sichtbar ist und den Himmel die ganze Nacht erhellt. Tatsächliche Mitternachtssonne ist allerdings nur an der Nordküste zu sehen.

Flora und Fauna

Das Ökosystem Islands ist aufgrund des jungen Alters der Insel und ihrer vom Kontinent isolierten Lage von einer Armut der Arten geprägt. Vor der Ankunft der Menschen konnte nur Flora und Fauna, die sich durch die Luft oder im Wasser verbreiten kann, die Insel erreichen.

Vegetation

Nur etwa 23% der Landesfläche sind mit dauerhafter Vegetation bedeckt. Gründe dafür sind das raue Klima, der Vulkanismus, die Vergletscherung, und nicht zuletzt die durch jahrhundertelange Überweidung und Rodung verursachte Bodenerosion. Man nimmt an, dass die mit Vegetation bedeckte Fläche zur Besiedlungszeit doppelt so groß war, als sich Birkenwälder angeblich vom Strand bis in die Berge zogen. Es gibt nur etwa 520 höhere Pflanzenarten in Island, am häufigsten davon subarktische, niedrige Buschvegetation wie Heidekraut, Beeren, Weide und Zwergbirke. Niedere Pflanzenarten wie Moose oder Flechten sind stärker verbreitet.

Tierleben

Die isländische Fauna wird von Vögeln dominiert. 75 Arten brüten regelmäßig hier und eine große Anzahl anderer Arten macht beim Vogelzug in Island Station. Wasser- und Watvögel sind in der Überzahl, und die Vogelpopulation macht die Artenarmut mit ihrem Individuenreichtum wett. Die Anzahl der Papageitaucher, eine der verbreitetsten Arten, beträgt schätzungsweise 10 Millionen Exemplare. Andere Tiere sind sehr selten. Das einzige einheimische Landsäugetier ist der Polarfuchs. Die Meere ringsum sind dagegen voll von Kegelrobben, Seehunden und 12 Arten von Walen, unter ihnen der riesige Blauwal. Andere Landsäugetiere, wie Schafe, Pferde, Kühe, Schweine, Rentiere und Nerze, wurden vom Menschen importiert, oder wie die Mäuse und Ratten versehentlich eingeschleppt. Die Flüsse sind reich an Süßwasserfischen, auch wenn die Arten mit Lachs, Forelle und Saibling relativ begrenzt sind. Amphibien oder Reptilien gibt es in Island nicht.

Bevölkerung

Island wurde von Menschen nordischer und keltischer Herkunft besiedelt. Die ersten Siedler kamen gegen Ende des 9. Jhs. über die Britischen Inseln von Skandinavien.

Sprache

Isländisch ist eine nordische Sprache, die sich seit dem Mittelalter wenig verändert hat. Sie ist mit den skandinavischen Sprachen verwandt, hat aber die alten Buchstaben wie *þ* (ausgesprochen wie Englisch „th" in „thing") und *ð* (wie Englisch „th" in „then") erhalten. Fremdwörter werden wenn möglich vermieden und anstelle eigene Wortschöpfungen verwendet; z.B. *sími* (Telefon), *þota* (Jet). Englisch wird fast überall verstanden.

Namen

Nur wenige Isländer haben Familiennamen. Die meisten tragen Vaternamen, die aus dem Vornamen ihres Vaters + „*son*" (bei Männern) bzw. + „*dóttir*" (bei Frauen) gebildet werden. Die Personen im Telefonbuch sind nach Vornamen gereiht.

Geschichte

Island wurde als letztes europäisches Land besiedelt. Laut alten Quellen kam der erste Siedler, Ingólfur Arnarson, 874 nach Island und ließ sich an der Stelle der heutigen Stadt Reykjavík nieder. Im Jahr

930 gründeten die Siedler in Þingvellir das Althing, eine gesetzgebende und rechtsprechende Versammlung für das ganze Land. Zu den bekanntesten Entscheidungen des Althings gehört die friedliche Annahme des Christentums im Jahr 1000. Die sogenannte Freistaatzeit, in der 39 Sippenoberhäupter, oder Goden, dem Althing vorstanden, dauerte bis 1262, als Island den norwegischen König anerkannte. 1380 kam Island dann unter dänische Herrschaft und wurde für mehr als 500 Jahre dänische Kolonie. Einer wachsenden Unabhängigkeitsbewegung gelang es, 1874 eine eigene Verfassung, und 1918 die Anerkennung als souveräner Staat unter der dänischen Krone zu erringen. Während des Zweiten Weltkrieges wurde Island 1940 zuerst von britischen und 1942 von amerikanischen Truppen besetzt, was tiefgreifende gesellschaftliche Veränderungen mit sich brachte, die zu steigendem Wohlstand und technischer Modernisierung führten. 1944 erklärte Island seine Unabhängigkeit und rief am 17. Juni, dem heutigen Nationalfeiertag, in Þingvellir die Republik Island aus.

Verwaltung

Island ist heute eine konstitutionelle Republik mit einem Präsidenten und einem Parlament, dem Althing. Alle Staatsbürger erlangen mit 18 Jahren das Wahlrecht, und Parlament und Präsident werden alle vier Jahre gewählt.

Gesellschaft

Island ist ein Sozialstaat mit einem kostenlosen Schulsystem und einer allgemeinen medizinischen Versorgung. Die Bevölkerung ist gut ausgebildet und erfreut sich eines der höchsten Lebensstandards der Welt.

Bevölkerung

Mit einer Einwohnerzahl von nur 286.000 Menschen und einer Bevölkerungsdichte von 2,7 Einwohner pro km^2 ist Island das dünnbesiedeltste Land Europas. In den letzten 50 Jahren hat sich Island von einer Agrargesellschaft zu einer urbanen Gesellschaft entwickelt, von der heute nur noch 8% auf dem Land leben. Die nördlichste Hauptstadt der Welt, Reykjavík, ist eine lebendige, moderne Stadt mit einem regen Kultur- und Nachtleben. 60% der Bevölkerung (175.000 Menschen) leben heute im Großraum Reykjavík. Die größte Stadt außerhalb des Ballungsraumes im Südwesten ist Akureyri mit 15.000 Einwohnern.

Wirtschaft

Das Fehlen von natürlichen Ressourcen macht Island sehr vom Außenhandel abhängig, wobei die Importe die Exporte übertreffen und hohe Lebenshaltungskosten zur Folge haben.

Fischprodukte machen zwei Drittel des Exportes aus, wenn auch nur 11% der Arbeitsbevölkerung in der Fischindustrie beschäftigt sind. Diese Abhängigkeit vom Fisch macht die Ökonomie sehr empfindlich für veränderliche Fangzahlen und schwankende Fischpreise auf dem Weltmarkt.

Bodenschätze sind in Island so gut wie keine zu finden, aber man hat in den letzten Jahrzehnten versucht, andere Ressourcen zu erschließen. Der Überfluss an Wasserkraft wurde zum Teil für die billige Energiegewinnung für stromintensive Industrie (z.B. Aluminiumwerke) genutzt, und es gibt Pläne, weitere Kraftwerke im östlichen Hochland zu errichten. Industrieprodukte machen heute ein Viertel des Exportes aus. Das ungeheure Potential an Geothermalenergie versorgt heute bereits 86% der Haushalte mit Wärme und könnte in Zukunft noch mehr für industrielle Zwecke eingesetzt werden.

In den letzten Jahren konnten neue Wirtschaftszweige im Bereich der Informationstechnik und Biotechnologie einen Aufschwung verzeichnen, die von den gutausgebildeten Arbeitskräften profitieren. Dazu haben der Reiz der faszinierenden isländischen Natur und das attraktive Nachtleben von Reykjavík den Tourismus mit jährlich ca. 300.000 Besuchern zu einer immer bedeutenderen Deviseneinnahmequelle gemacht.

Die Landwirtschaft, traditionell stark subventioniert, hat eine grundlegende Änderung erfahren, bei der die Zahl der Schafe halbiert wurde und sich neue Sparten wie Schweine- und Geflügelzucht etabliert haben. Auch wenn der Export von Landwirtschaftsprodukten vernachlässigbar ist, deckt Island den inländischen Bedarf an Fleisch und Milch im eigenen Land. An Feldfrüchten werden Kartoffeln und Rüben angebaut, bzw. Gemüse wie Tomaten und Gurken in geothermal beheizten Gewächshäusern gezogen.

Kultur

Island erfreut sich einer lebendigen Kunstszene und seine Literatur, Musik und Filmproduktion haben in den letzten Jahren immer mehr internationale Beachtung gefunden. Der bekannteste heute lebende Isländer ist ohne Zweifel die Sängerin Björk, und das Land steht im Ruf eines Exportlandes von Pop-Talenten. Islands größter Beitrag zur europäischen Kultur bleiben aber die sogenannten Isländersagas, Prosawerke, die im 12. und 13. Jh. entstanden sind und von den ersten Siedlern des Landes erzählen. Die *Njáls saga*, *Egils saga* und *Laxdæla saga* sind die bekanntesten davon und wurden in eine Vielzahl von anderen Sprachen übersetzt. Die Eddalieder, zwischen 800 und 1200 entstanden, gehören zu den großen heroischen und mythologischen Gedichten der Weltliteratur und lieferten u.a. den Stoff für Wagners Ring des Nibelungen. Die Handschriften der Sagas und Eddas, die zum allergrößten Teil von Dänemark wieder an Island zurückgegeben wurden, gelten als der größte kulturelle Schatz des Landes. Und Bücher besitzen bis heute einen hohen Stellenwert. Man ist stolz darauf, dass Halldór Laxness 1955 den Nobelpreis für Literatur verliehen bekam, und in Island werden mehr Bücher pro Einwohner publiziert, als sonstwo in der Welt.